amores
que nunca vivi

POESIA

AUTORA
Cláudia Cassoma
www.claudiacassoma.com

TÍTULO
amores que nunca vivi

IMAGEM NA CAPA
Ylanite Koppens

COMPOSIÇÃO GRÁFICA
Cláudia Cassoma / Kujikula

EDITORA
Kujikula
kujikula@gmail.com

ISBN: 9781732665354

1ª Edição — 21 de Janeiro de 2012
2ª Edição — 21 de Janeiro de 2019

Todos os Direitos Reservados
© 2019 Cláudia Cassoma & Kujikula

amores
que nunca vivi

CLÁUDIA CASSOMA

Ao amor.

prólogo

Eu não considero que tenha sido uma menina comum, uma adolescente segundo padrões, nem tão pouco comecei a mocidade em busca de validações populares. Não é por nada; simplesmente não cabia.

Mas desde que descobri a poesia, o seu poder e lugar na minha existência: eu sou! Sou um eco claro da voz de Anny Pereira em **"Uma vez só não basta"**:

> *O poeta não nasce como que milagre, por geração espontânea. O poeta aparece daí, sem se dar conta. E escreve por dentro da alma e não o sabe.*

O **Amores que nunca vivi** é uma colecção de versos escritos quando ainda bem miúda e protegida de intervenções forasteiras. Tem vestígios da minha origem poética e mais. E, como sugerido pelo título, ele musica vários âmagos—seus amores e derivados.

memorial

Como não podia deixar de ser, venho por este meio estender os meus sinceros agradecimentos aos que tornaram real o **sonho** que por muito censurei.

Começo por expressar tal gratidão ao Criador por toda a sua bênção, mesmo quando desmerecida.

Ao meu pai, homem com a alma mais jovem que conheço, meu adepto incondicional, exemplo de vida real. À minha doce mãe também, mulher sábia e singular; conselheira mais leal e amiga excepcional. Os dois—abstenção de todo um vazio. Para os meus irmãos, o agradecimento é pela leveza que suscitam na minha vida. Ao Lenzo, em especial, pelo impacto concludente que teve no sucesso do meu começo artístico. Igualmente à Yem Maru, que me serviu de grande **apoio** nos dias mais críticos—fase de edição.

Ao Nok Nogueira, eu agora também agradeço pela mentoria que doou ainda no começo de tudo. A nossa sentada naquele Café que agora desconheço e a conversa que não me atrevo a esquecer, fazem uma das equações mais importantes desse processo de reedição. Esse **Amores que nunca vivi** tem poemas novos, mas também tem os corpos dos antigos mais refinados; as vírgulas estão melhor posicionadas; e está, num todo, reavaliado. Sou bastante grata pelos elogios, pelas críticas, e pelas ricas recomendações...

O agradecimento pra lá de especial fica aqui gravado na esperança de que, com cada folhear—seu ou meu—vá com os ventos até à alma que inspirou a elegia **Hoje posso chorar**, onde quer que ela esteja.

Revisto: 2022
Cláudia Cassoma

amores
que nunca viví

enfim

tinhas que digladiar
pôr-te a estragar
tal mal cantar
empenhar-te em perturbar

te jogaste à estupidez
quebraste o que se refez
foste incapaz
empataste qualquer paz

sugaste o fim
roubaste-o de mim
ficou assim
enfim

aprendi

aprendi a viver a história
a me ver em cada folha
a aproveitar cada parágrafo
aprendi

deixei o mundo me ter
mesmo que só um a ler
isso aprendi com você
aprendi

aprendi muito
até a não ser amado
tanto que esse escuro
já não é importuno

amor ou sexo

amor é sentimento puro
sexo é desejo passageiro
amor envolve coração
sexo é falta de noção
amor é pra sempre
sexo tem seu instante
no amor tem ternura
sexo combina com loucura
amor é gostoso
sexo pode ser gastoso
amor é diferente
sexo é igual com toda gente
há sexo no amor
mas no sexo há mais dor

tempo

tempo torra saudades
torna lembranças metades
põe lágrimas em baldes
e as faz transbordar

tempo seca desejo
murcha passado
desfaz até sobejo
traz resto

tempo ainda espero
que troque meu almejo
que cesse meu choro
que me tome em seu colo
prologando bom tempo

como será?

agora com malas arrumadas
correntes retiradas
como serão as noites
os seguidos presentes (¿)

agora com caminho frustrado
passado num ontem selado
como será o caminho
como serei sem os nossos (¿)

quanta ingratidão
quanta falta de coração
deixaste-te levar pela vida
e assim levaste a minha
só diz
como (¿)

o que faz o amor?

amor faz amar
desejar, lutar
amor faz sentir
respeitar, acreditar
faz sorrir chorando
chorar sorrindo
amor torna impaciente
feliz e infeliz
também faz poetas
com falas próprias e alugadas
faz-nos incolores
e com diferentes sabores
amor nos torna pequenos
vezes até sem sonhos
nos faz dependentes
cegos, comoventes
leves trapos

derradeiro amor

perdurável, será assim
sequer morte como fim
antes, com desvelo, tudo de mim
sacro fermesim

mesmo entre beijos rotineiros
por cada toque, pêlos hirtos
olhos lustrosos
miolos vazios

ao chegar o tempo
de mais ou de pouco
que seja contigo

ímpar, sem ser imortal
morte, não como final
fim, somente temporal

nostalgia impetuosa

tô com saudade do passado
arde o íntimo
tô com vontade do depois
nosso a dois

alargo o sorriso ao evocar o ontem
noite entregue aos teus orgasmos
brilham-me os olhos ao recordar
meu calor em teus abraços

os poros ainda sentem
dores boas, com a troca de desejos
feromonas, num berrar eufórico

as razões se rendem
anseio tais erros
é um desejo pletórico

outro soneto ao delírio

foi-se mesmo
ainda vejo, ouço, o tenho
não é ele—é meu desvairo
meu pesar versado

nas veias da demência
conclamo retrocedência
teu rosto sorrido
em colo vazio

não sei—segredo divinal
que vejo então (?)
medo descomunal

ó dor inúmera de não te ter
que prodígio seja te ver
mesmo por deus desconhecido

nada mais do nada

não sobrou nada
nem resto
nem nada
cumpriu-se a promessa
quebrou-se a melodia

nem amor, nem ódio
nem sorriso, nem choro
nada de nada
não sobrou nada
nada além do nada

do nós
restou tu e eu
do amor
passado que se concebeu
nada mais há do nada

que assim seja!

que seus lábios me cubram de beijos
que me amar seja seu desejo
que não se acabem os partos ternos
que este seja o esperado ensejo
que teus olhos não desviem o olhar
quando minha boca dizer te amar
que tua mão proteja minha cintura
que me aperte com ternura
que teus braços me envolvam
nesse amor que nos faz
que seja meu cheiro teu perfume
e que ele em mim derrame
que teus faróis me iluminem
quando então os meus dormirem
e que o sonho de te amar eternamente
seja sempre uma realidade

que assim seja!

louco por ela

quando ela passa
com tal indumentária
quando me abraça
declarando-me sua alegria
me descontrola
ah! magia
excita, sacia
minha loucura
ausência de estado normal
meu lado animal
pra meu recital, inspiração
do meu ser, respiração
sou louco por ela
declaro
aquando da sua ausência
distância é falência
minha existência
sou louco por ela

chega!

decidi berrar basta
acendi vela, comecei a jornada
descalça, feia e gasta
de outra tentativa fustigada
em outras vias maltratada
decidi declarar
chega!
não mais amores
nem outras dores
não mais esses sabores
chega desses prazeres
já não quero
nem então, nem depois
comédia romântica, drama
não mais
prefiro até frio de história mal acabada
que verão sem alegria
chega!

preciso deles

pensar em você
é algo que preciso
não te ter
não é lamento
quando em lembranças te sinto

em meus braços
nos meus sonhos
em meus lábios
ainda os tenho
beijos, sabores

em meu corpo estão guardados
abraços, momentos
lembranças que preciso
momentos num passado
sorriso confirmado
preciso deles

quando chega o amor

amor quando chega
não sabe chegar
numa pressa vem
e se dá a implantar

descontrola a alma
dá-lhe ao enganar
não há o que pensar
e faz frustrar

amor quando chega ama
da forma mais intensa
e não vale entender
se tempo não se quer perder

quando chega o amor
apenas chega
traz sua dor
e incorpora

terramoto em mim

de tanto que agitaram as vias
de tanto que as puseram em obras
causaram terramoto
de tanto que foram mexidas
perdidas, a deixaram sentida
esburacando, do coração a avenida
levaram alegria
sem vida para viver outra vida
entregue ao terramoto
num golpe profundo
destruíram meu mundo
e num espetar sem piedade
perfuraram a realidade
terramoto em mim
dor sem fim
momentos assim
com esse coração
entregue à solidão

o amor termina sim

já foi provado pela ciência
há nascimento e falência
há sorrisos
neles também algum escuro
amor termina sim
também se faz ao fim
as coisas boas
noites perdidas
encontros às escondias
as falas ditas
tudo acaba
amor termina sim
mensagens trocadas
as chamadas demoradas
são embrulhadas
jogadas ao passado
e aí
tal amor
termina sim

preciso de tempo

             preciso de tempo
          pra esquecer tal tempo
            tempo pra conjugar
         meu verbo noutro tempo
          tempo pra desprender-me
               desse tempo
             preciso de tempo
        tempo pra achar novo tempo
            voar noutro vento
             só mais um tempo
          pra arrancar o lamento
            engolir todo choro
           desgrudar do teu colo
             preciso de tempo
           pra mudar o que penso
           pra trocar meu passo
           pra deixar de ser isso
             preciso de tempo
          pra me des—e refazer

cai, lágrima

cai, lágrima
e chora
não tema a madrugada
ela passa numa hora

cai, lágrima
e fala
não tema o coração
ele sabe a direção

cai, lágrima
e seca
não tema o dilúvio
ele pode ser eflúvio

cai, lágrima
e morre
não tema o caixote
ele aquece e protege

cospe

não os problemas
mas as palavras
deite essa podre saliva
distancia-te da deriva

não fale aos cantos
encares os olhos
expulse a dor que te prende
e lança-te à verdade

talvez seja o fim
último tempo assim
não mais aqui
nem no porvir

cospe
lança
libera o ser
faz acontecer

faz

agarra com força
me toma
encosta na tua
me beija

me leva à lua
me lança
me descontrola
me beija

deixa a mente tonta
me larga
toma de volta
me beija

desfaça-te de tudo
só eu como teu mundo
me ama
faz

continua

ainda nos cantos de mim
gotas do nosso fim
ainda no meu centro
razões pra lamento
és meu dormir e acordar
meu constante sonhar

preenches as lembranças
és as águas do meu mar
ainda o meu horizonte
pro meu amor a fonte
do meu ser a outra parte

ainda em meus poemas
em minhas histórias
ainda na mente
pedaços de ti
e pouco de mim
continua assim

meu amor do Lubango

ao telefone nos falamos
outros meios também usamos
mas continua num distante
que me faz ondeante

ele é do Lubango
eu de outro canto
quando amante me declaro
tal chega num atraso

na esperança da presença
nele ainda a minha crença
ele é o amado
pelo menos por enquanto

meu amor do Lubango
num presente distante
um sentir profundo
que o deixa manente

se me for...

se finalmente decidir
deixar e ir
se fechar os olhos
e largar meus passos

se desencarnar
deixar este nós
acordar
achar outra foz

se for agora
fechar a porta
se a outro me dispor
se enterrar essa dor

se tal acontecer
no futuro me esconder
se eu viver
prometo não mais morrer

saudade

ver fotos
deitar em passados
chorar pelos cantos
o que posso

fechar os olhos
num fugaz pensamento
atravessar o oceano
em teus braços

dormir, sonhar
em ti viajar
o que a vida me dá
quando entre nós ela está

saudade
escrever este poema
enletrar minha tristeza
o que me resta

se fez tarde

se fez tarde pra desculpas
pra sentimentos de culpa
se fez tarde pra choros
pra cortar lamentos

cartas
falas húmidas
pras tais verdades
tarde se fez

dizer sentir falta
gaguejar ao falar
dizer estar em facas
deixa estar

se fez tarde
está tudo em partes
e com essas metadas
coração sofre

uma eternidade surreal

enquanto os olhos fecharmos
e espalharmos o coração
ainda que apenas sonharmos
sentiremos tal emoção

o sorrir alegre do coração
o festejar dele em canção
numa eternidade surreal
viveremos tal manancial

faremos do romantismo
nosso diário fanatismo
das canções mais antigas
depósito das nossas alegrias

todo tempo que durar
será pouco para amar
faremos então do actual
uma eternidade surreal

catinga perfumada

minha corpulência
preencheu-se de catinga
quando a consciência
sentiu-te antiga

cheiro a desespero
me transbordo em choro
congelou meu suor
está a alma com o desespero

me passa o dilúvio
com ar de eterno
com perfume efectivo
pelo perdido

catinga perfumada
afogando a vida
pela alma sofrida
agonia

pode me deixar

me deixa chorar
me deixa acalmar
me deixa rever meu falar
não importa me acabar

abraçar tal tristeza
consentir com a fraqueza
morrer
mesmo em mim este ser

decidi gritar assim mesmo
ser feliz, sem você como motivo
por tal, pode me deixar
pode me abandonar

deixa como estou
com o pouco que restou
comigo
com o que sobrou

minhas últimas

minhas últimas palavras
serão mudamente ditas
sem choros, sem risos
sem olhares fixos
sem razão pra gargalhos
assim serão as últimas
serei curtamente longa
não importará nada
nem quem ignora
assim falarei as últimas
descreverei antigas cartas
me farei à ignorância
destruirei linhas
distanciarei muitos e muitas
enfim...
farei o que tenho em mim
e será assim
darei um fim
às minhas últimas

só por hoje

hoje escreverei pra ti
mesmo que não venhas a ler
escreverei

hoje falarei pra ti
mesmo que não venhas a ouvir
falarei

hoje chorarei por ti
mesmo que me desiludir
por hoje, chorarei

hoje viverei por ti
mesmo que vida curta
será essa a minha luta

hoje vou renunciar
dar-me-ei a ventilar
vou me abandonar
só será por te amar

pobre de amor, rica de dor

sou eu
mais uma por essas bandas
com dor nas malas
desprovida de amor
a que mais recebe dor
mais uma nas ruas do coração
sangrando sofrimento pelo chão
sou eu
a mais rica da cidade
com a mais pobre realidade
a que a vida odiou
a que o mundo maltratou
sou eu
a que abertamente se estendeu
proclamando o que sofreu
pobre de amor, rica de dor
sou eu
a que, de vida, a vida desproveu
sou eu
o cúmulo do nada

tal não se explica

não se explica o amor
não se entende tal dor
sobre ele não se diz nada
nem mesmo quanto se ama

tentar explicar o que sente
dizer que tal convence
é enganar a própria mente
e fazer-se, da vida, ausente

não se explica o amor
não se sabe tal sabor
quem o tem se cala
e não sabe mais nada

se o tentar comover
se algo for a dizer
será só mentira
mesmo que pareça alegria
não se explica tal magia

não será para sempre

não navegaremos em promessas
não nos perderemos nas histórias
nada será perfeito
não pensaremos com o peito
amaremos do nosso jeito
e não será para sempre

talvez haja manjares
talvez andemos pela praia
mas não beijaremos na areia
isso não
não nos teremos pela mão
mas será bom de montão

na eternidade do momento
estará nosso foco
nas poucas horas que se vive
centrar-se-á a realidade
e enquanto isso durar
será o tal pra-sempre

um princípio teve sim

desde a terra ao céu
do princípio ao fim
desde a vida que me deu
até ficar assim

desde o mar ao leste
do bom a peste
desde a alma ao coração
até esta situação

desde o tudo ao nada
do nada à alguma coisa
desde a paz à guerra
até esta sina

da dúvida à certeza
do escuro à vela
de cá pra lá
até chegar à mim

um princípio teve sim

alguns pisos em falso

entre o faço e o não faço
no avanço e o não avanço
pelos amplexos do medo
alguns pisos em falso

chão roto sob o queixo
rio seco pelo rosto
com o apressar cardíaco
alguns pisos em falso

entre o posso e o não posso
no creio e não creio
pelos bramidos do mundo
alguns pisos em falso

joelho empoeirado
de rosto envergonhado
com desejo mal tratado
alguns pisos em falso

entre o que é, foi e já não dói

alguns pisos em falso

profunda tristeza

fui nesse nadar
na ausência de ti
pus-me a pensar
fiz-me voltar
reviver o chorar
cancelar o cantar
joguei-me ao sofrer
levei-me no tempo de ter
profunda tristeza
dei-me a senti-la
a abraçá-la
dei-me a amá-la
a beijá-la
banhei-me por horas
neste mar de poucas ondas
onde me afogo
perco o ar
ao refalar as palavras
dou-me a chorar
a rever as promessas

ah! tristeza
ainda mais incorporada

deixa entre nós

não dê aos ventos
não venda os segredos
não convide outros mundos
deixa entre nós
meu choros
meus gritos
momentos desnudos
as vezes que me desfiz
as vezes em que foi real
deixa entre nós
sobre a forma como amei
como me deitei
não fale
não cante
nem para os que se dizem seus
só deixa entre nós
se puder
empedre as lembranças
escureça as acções

só pra dois corações
o nosso entre nós

aquele grito

ainda está aqui
guardado em mim
me lembra o fim
o grito
o que ontem se silenciou
que na eternidade se amarrou
está aqui
desprendendo as correntes
se aproximando em soluços
aquele grito
o tal do passado
o dado por mudo
hoje cansado
o grito
por dores provocado
sofrido por amores
alimentado por rancores
e sentimentos sem sabores
aqui está ele

nervoso e aborrido
pronto a ser lançado

coração embargado

está o coração embargado
sem avisar a emoção
o amor o tem visitado
depositou sua porção
e o fez desorientado

está o corpo emagrentado
tenho os olhos n'algo
e em tal permaneço preso
como se hipnotizado

está o coração embargado
o respirar sem correr limitado
tornou a razão emancipada
e alma está descontrolada

chegou o amor
também amigo da dor
deu-se num depositar

num acto de só pensar
de forçado eternizar

não mais

não mais sobre amor
não mais sobre dor
sobre isso
nem mais nem pouco

não mais quero ouvir
nem tão pouco sentir
não mais quero ter
nem d'outro ser
não mais

que seja o fim
que se solte em mim
que encontre outro
não mais mesmo

não mais sobre amor
nem pobre, nem rico
nem feio, nem lindo

não mais o sonhado
não mais

quero da tua manteiga

desliza-me o pão
amanteiga-me
esfatia-me
deixa-me no chão
faz-me escorregadia
alise as fatias
abre as vias
hoje eu quero da tua manteiga
quero amolecer-me
dar-me ao derreter
torrar-me em você
faz-me teu pãozinho
derreter-me com jeitinho
não misture marmeladas nem goiabadas
quero apenas essa polpa esbranquiçada
que em ti é bem tratada
e em mim dá como janta
no cetim, no jardim
por nós bem apreciada

num todo saboreada
quero da tua manteiga

no auge da loucura

não somos nós
são outros em nossa foz
perde-se pudor
ama-se dor
delírio conforta a vontade
desfaz a vergonha
criamos nova realidade
no frio, na alma
com luz ou com calma
caras com feições estranhas
paredes rachadas
louças quebradas
toalhas manchadas
lágrimas derramadas
mãos trémulas
coração acelerado
cérebro parado
respirar dificultado
lábios secos

instantes após o tenso
no auge da loucura

leva-me, rua

leva-me, rua
arrasta-me nua
puxa-me à tua
leva-me...
contenha a decepção
arranje qualquer noção
foge dessa perdição
leva-me...

leva-me, rua
conduza-me à lua
me flua
leva-me...
deixa renascer
noutro reviver
dá-me a ver
leva-me...

leva-me, rua
junta-me à tua

faz-me descrua
leva-me

saberá alguém?

saberá alguém explicar a sua existência
razão da sua unicidade
saberá alguém escrevê-la na perfeição
e decifrar a canção
caberá nalgum coração
(?)
o resplandecer de tamanho brilho
no rosto de quem a tem
expressa isso algo
a falta de lógica
e todo o sentido que faz
(?)
saberá alguém explicar
sem em gaguejos se lançar
alguém que talvez entenda
o nada que dela sabe
poderá alguém explicar
(?)
nela viajar
e todos mais carregar
da poesia

saberá alguém alguma coisa
(¿)

anelo o teu beijo

quero o teu beijo
perder esse jeito
quero o tal momento
mesmo que não eterno

quero o teu beijo
bem aqui no peito
implantar meu viver
e deixar acontecer

na boca
o que descontrola
em cima
o que se adora
em baixo
o que se procura

isso anelo
hoje, agora e depois
nesse e noutro tempo

tal como o entredois
à fundo

não, não agora!

não diz nada agora
fecha a porta e vai embora
deixa que o tempo resolva
não me faça culpada
nem use a espada
deixa ele julgar
decidir
se vai ou não fluir
não fale de ti
deixa assim
deixa o tempo decidir
se voltará a existir
ou se é o fim
não diz nada
cada fez o que quis
e se à isso se reduz
ninguém foi luz
nós não mais será
não haverá amanhã
mas que não venha de ti

não, não agora
quem sabe melhora

o último adeus

depois de vários re(s)
de reencontros
desentendimentos entendidos
de rearranjos
choros engolidos

depois de revivências
mentiras tão verdadeiras
depois de tanto tempo
me dando ao vento
vivendo aqueles re(s)

o último adeus
o fechar dos céus
condenar dos réus
depois do passado
futuro no presente

depois do que passou
o que restou
depois daquilo

nisso resultou
o último adeus

dizem ser ela assim

dizem ser dela mesmo
todo esse sofrimento
sorrisos e momentos contrários
até se achar o fim

dizem ser dela mesmo
os que entram
os que saem
os que fazem história
os que deixam a memória

dizem ser da vida
o reconhecimento pelo esforço
ou o nada por ele mesmo
um amor para o coração
ou uma triste relação

dizem ser ela assim
longa demais
e nunca suficiente
nela podemos estar bem

e pacientes também
ela é assim

magoa-me amanhã

estamos bem hoje
tenho o teu beijo
estou em teu abraço
tudo perfeito
magoa-me amanhã

não me jogue ao deserto
não ao tamanho sofrimento
evite o tempo seco
fique do meu lado
magoa-me amanhã

sê razão do meu sorriso
me dê ao paraíso
de jeito imperfeito
ainda que num só momento
magoa-me amanhã

não desfaz tamanho amor
não convida essa dor
não

hoje não
magoa-me amanhã

joão, meu último verso

joão, meu amor
homem com bastante sabor
foste um dia meu calor
pra meu corpo gerador
me fizeste pecador
ó *joão*, meu pescador
foste um dia meu amor
não de sentimento
mas de jeito sacia dor
foste tu, *joão*
que comeste do meu pão
e me deste do teu peixe
me desfizeste da pureza
jogaste-me à vergonha
joão, homem que amei
onde sem pudor me lancei
golos talvez não marquei
mas bem joguei
homem de pegadas
nelas suas quentes coladas
joão, meu passado

antigo ritmo
último verso

morte é vida

abrasada também pelo astro do dia
duns pranto, doutros alegria
canções tão belas quanto outras
choros, casquinadas, e muitas iguarias
melopeias e belas canções
de noite aquieta os olhos
estampilha os lábios
embranquece os sonhos
rouba almas também
a outra, não só bem tem
sem deus incomum
prodígio nenhum
pecados incontestáveis
fautoria desprezada
morte é vida
considera o bem
resume doenças
impaciências
converte energias
junta famílias
restaura ruínas

revela rivais
nunca demais
morte é vida

muhatu

debaixo desses trapos
mundos desconhecidos
passagens desiguais
completa parábola geométrica

brilham-te os olhos
fluorescentes como a lua
inescapável formosura
unicidade em sua lira

na dureza dos seus exíguos
cimos de apenas meu chegar
teu falar é cantar
entoam ao cintilar dos joelhos

nesse mundo teu
desvendar que só a mim pertence
flaneos apurados
mas sob essas roupas

sem que lhe vendam perfeita

muhatu
sem metades que a completa
inteira

tenho ciúmes

tenho ciúmes
da roupa que te veste
do calor que te sente
ciúmes dos teus perfumes

tenho ciúmes
dos olhares que te vêem
dos pés que te seguem
ciúmes dos teus amores

tenho ciúmes
do teu coração
da tua alma
ciúmes do ar que respiras

esse sentimento me consome
no claro me dorme
e na desordem do meu ser
como alvura faz-me o ter

tenho ciúmes dos meus ciúmes

dos desejos do meu coração
dos des-planos da razão
de tudo, tenho ciúmes

pode ser assim

pode ser de língua
e durar uma hora
pode ser no rosto
e só um minuto

pode ser de amigo
o tal tímido
pode ser de família
com fingida alegria

pode ser do amante
ardente e excitante
o do namorado
também é adorado

pode ser no escuro
e também no claro
e se fechar os olhos
será eterno

pode ser demorado

o nunca esquecido
e se for rápido
terá de repeti-lo

abraço em teus braços

com a alvura do meu sorriso
do meu olhar o clarão
meu terrestre paraíso
fonte da minha satisfação

de todo um conjunto de desejos
aos suspiros de gratidão
ganham sentido meus momentos
se você for a razão

em teus braços entre abraços
em amor embrulhados
no calor navegados
na paixão consumidos

haja beijo ou o resto
haja olhar ou cegar
se em teus braços
tudo valem os abraços

nesses braços

todo um outro
é passado
abraço em teus braços

mulher

a extensão dos teus quadris
a grossura do ponto x
os lábios
os outros pontos

o balançar da tua cintura
o negro da tua cobertura
o fogo dos teus olhos
mulher, tu e teus tesouros

no deslocar dos teus pés
no sorriso que tens
no mais simples de você
a incrível que és

mulher
abstenção do meu falecer
o completo do meu ser
coiso meu

não única ou coisa alguma

não pouca nem muita
simplesmente
mulher

sempre haverá

um amigo
comigo ou contigo
tal já antigo
ou novo

amigo pro bem
amigo pro mal
dum ou doutro modo
parte do historial

amigo pra lutar
repartir o pão
também pra olhar
e deixar no chão

sempre haverá
e se a vida levar
um pedaço ficará
num belo eternizar

sempre haverá um amigo

comigo ou contigo
tal já antigo
ou um outro

beijo sexual

os teus lábios se fazem aos meus
os meus aos teus
com calma se dão
e quando criado o momento
beijo é refrão
a tua mão na minha cintura
descendo, subindo
a outra em meu pescoço
me dando ao descontrolo
os meus pés entre os teus
tocando o rei dos filisteus
não foi tudo, mas foi muito
surreal
com berrar de satisfação
convidando a acção
e ao fechar os olhos
outros momentos
unhas
manchando as costas
em mim as tuas mãos
tocando os inimigos da solidão

clamando prazer
beijo sexual
sobrenatural

amor amoroso

meu amor amoroso
recheado de sabor
de tão pouco tempo
mas já de muita dor

foi mesmo de tanto amor
ou de amor nenhum (?)
meu amor amoroso

foste sorriso pro meu canto
bela flor do meu jarro
foste único
bom, mas acabou

viajou, foi
sua ausência rói
amor amoroso

ficaram só os ossos
desproveu-me de sorrisos

levou os sonhos
meu amor amoroso
passado

amo nós

o brilhar dos nossos olhos
quando nos damos
o jeito tímido dos corpos
quando no silêncio ficamos

abraço forte e verdadeiro
nosso amor carpinteiro
combustível da alma
essa paz que se ama

as palavras declaradas
as verdades falsificadas
o brilho por te ter
você como meu vencer

o choro que combatemos
o amor que partilhamos
o sorriso que mantemos
o eterno que criamos

tudo no pouco que temos

o forte no fraco que somos
por tudo declaro
amo nós

meus pensamentos

numa longa viagem
com objectivo de te encontrar
amor com eles levaram
só pra te agradar

entre o espaço e o tempo
unindo os ventos
naquele negror
luz pros desejos

cada pensar era você
te ter, te amar
esquecer teu ausentar
teu falso desculpar

me lançar num beijar
forte e sensual
num momento casual
ainda que num viajar

mostrar pensamentos

confusão de sentimentos
te ter longe e sentir perto
estar em sonho

realmente gostaria

gostaria de ter qualquer força
participar de alguma forma
na desejada mudança
gostaria de não ser só mais um
dos que fazem algo nenhum
gostaria de lutar
mas esse não seria eu
não é a coragem que me deu
pois sou eu
mais um medroso
que grita no escuro
que teme o inferno
prefere proteger seu pescoço
que levantar e ser grosso
sou eu
o que ela anseia
mas que não a carrega
sou eu
que prefere escrever um poema
e guardá-lo sob a pedra
sou eu

que almeja ser diferença
mas que coragem não carrega
pra berrar o que deseja...
realmente gostaria

coisa estranha

ora digo te amo
ora me encho de orgulho
te quero em todo tempo
do mesmo jeito te rejeito
num instante capaz de tudo
noutro fugindo do mundo

coisa estranha!

vezes me desfaço
outras me enrolo de vergonha
num momento estou segura
noutro, pior que noviço

coisa estranha!

me faz bem
e mal também
vezes único presente
noutras o que mais quero ausente

choro, sorriu
quero, desprezo
amo

coisa estranha!

peço

que não seja o ódio
sinónimo de amor
nem a guerra de paz
nem a esperança d'algo mais

por mais que diluvie
e nada mais alivie
apresse o sonhar
ou comece a cantar

que não seja o sorrir
do teu chorar o recanto
e que teu fluir
não se prenda ao passado

aceite morrer
quando acontecer
isso muito será
a quem contemplar

mas que por nada

seja o escuro como dia
ou inferno solução
isso não

peço!

quero

quero mergulhar em teus beijos
e me deixar afogado
quero pontos rectos
deixá-los inundados

a tua língua sambapito
a tua pele paraíso
quero-te nessa viagem
onde nada é paragem

sorrir, crer e me enganar
quero experimentar
quero real amar
quero ficar

quero também plantar
fazer frutar
ainda que não eterno
quero tudo

quero

por muito ou por pouco
só quero
por ti, por mim e pelo nosso
quero!

hoje posso chorar

em noites como essas
estávamos em conversas
mergulhados em gargalhos
perdidos em tempos

em noites como essas
me abraçavas
trocávamos olhares
frustrávamos dores

em momentos como então
tinhas a minha mão
nosso olhar numa só direcção
entre eles o coração

hoje posso gritar
posso me acabar
e se a morte me chegar
posso também me lançar

posso chorar

pelo ardor no sonhar
pelo nós acabar
por nada restar

pela vida, posso chorar

ainda lembro

lembro cada momento
teu sorriso
lembro cada toque
o momento bastante
como foste amante
tua mão em mim
a distância do fim
isso lembro sim
lembro a voz
falso amor entre nós
ainda tenho teu olhar
sinto teu desejar
teu saciar
nisso ainda sei viajar
meu olhar tímido
o elogio
as fotos não reveladas
ainda as tenho em memórias
as músicas tocadas
teu jeito doce de fingir
sabe ainda me iludir

ainda lembro
teu cheiro abafado
inundando meu corpo
meu ser
nesses passados
lembro tudo

almofada amarela

obrigada, querida
não mais palavras
agora só você
nem amigos
ou inimigos
ninguém, senão você

companheira
a que abraça
ouve as histórias
enxuga as lágrimas
tão pequena
mas com grande coração

serei pra sempre grata
por tal entrega
pela companhia
já que até a alegria
me deixou sozinha
o que ontem me entregou
hoje também levou

mas tu, almofada amarela
ouves
consolas
por ti
eternamente grata
obrigada

resto

onde está o resto
o tal restado
o do passado

em que rosto
plantastes nosso resto
onde fizeste depósito

desentendimentos
momentos
desejos

resto de promessas
de vidas
de histórias

onde puseste o resto
todo o resto
resto dos nossos rostos

pra onde o teu engano

em que pobre coração
agora plantados

o resto
resto de nós
resto da foz
todo resto

silêncio

chega um momento na história
em que se cala a melodia
congela-se a vida
e vê-se ela numa ida

é nessas horas
que se fazem as trocas
no lugar do falar
implanta-se o calar
ao invés de lutar
escolhe-se parar

há ainda em tal momento
amor em todo um ódio
energia nesse tédio
sorriso em lamento

chega um momento na história
em que pra evitar falência
só um ombro
teu ou de outro

cego, surdo e mudo
em silêncio

quieto, apenas algum
onde o tudo é trocado por um nada
e o nada de algum tudo
é tudo

raiva

decidiste sair do teu passado
pra interromper o meu presente
provocaste o grito
pior que foi por intento
não gostaste nem um pouco
já que amar era complicado
que raiva!

tenho tanta raiva de você
que matar-te não iria resolver
anseio morder
esbofetear
estou com uma vontade
de te abraçar, te amar
vontade do teu corpo
beber-te o suco todo
anseio te cortar
deixar-te em pedaços
que raiva!

ó, quanta raiva!

palavras são insuficientes
quero ver-te em metades
ver-me aliviada
quero berrar pela avenida
dar-me como perdida
quero expulsar essa raiva
quero-me vacinada

prometo

meus apertos ternos
meus loucos beijos
nossos momentos
esses serão eternos

prometo ser doce
hoje e em qualquer sempre

quando nada vires
dar-me-ei como teu
se dores sentires
cobrir-te-ei como véu

prometo ser sol
quando se apagar o farol

quando o mundo te negar
a vida te maltratar
por mim não precisarás procurar
e em mim poderás afogar

prometo ser as costas que te cobrem
ainda que em dores

prometo
prometo também tentar cumprir
com tudo o que prometi
prometo

mais

mais uma noite difícil
mais um momento fútil
esforço desútil
mais um choro desnecessário
mais um sofrer solitário
um negror em meu diário
mais
mais um pouco de menos paz
mais dor no resto que se desfaz
mais
mais e mais
dor, choro, sorriso e mais
mais burrice da minha parte
mais raiva por prolongar o amém
mais visitas do além
de lá vem mais
vem muito mais pr'esse mais
mais descontrolo
mais engano
mais desconforto
sofrimento

muito mais
um mais tão mais
que me deixa mais
mais carente
dependente
mais entregue ao desgaste
mais

hoje falarei de amor

quero tirar parte de mim e partilhar
amor mostrar
motivo de tanta felicidade
essa outra realidade
a tal eternidade
sobre amor quero falar

como é bom sentir essa dor
lançar-me ao terror
partilhar calor, dividir cobertor
como é bom chorar
perder-se no amar
fazer mais do que falar

tudo sobre amor
sobre tão doce sabor
ó quão gosto
darei ao conhecimento
clamarei isso
darei meu comício

bom é tirar vestes
prolongar noites
transpirar, cansar
se jogar
por nada, sorrir
é bom deixar fluir

falarei de amor

se o amor pudesse gritar

se ele pudesse gritar
até estourar
soltaria o seu berrar
e se daria a declarar

clamaria aos donos da terra
pela atenção que se espera
ao vizinho, ao irmão
ao rico, e até ao pobre da nação

cloraria pelo que morre
pelo que se faz metade
assim não deixaria
lutaria

se ele pudesse concertar
monas teriam escolhas
os grandes teriam brechas
haveria fim pra's guerras

o que hoje é negror

seria o oposto da dor
pr'esse desgaste
seria resgate

se o amor pudesse gritar
mudança se observaria
e por mais que pudesse
seu berrar jamais cessaria

adeus, primeiro amor

acabaram-se as nocturnas
passado das nossas vidas
os abraços à dor
terminou o primeiro amor

enxugou-se o mar
sugou-se o amar
deu-se à crescer
decidiu-se viver

foram-se as tremuras
o receio que se tinha
loucura às escuras
acabou

chegou o outono
foi o passado
varreu pra longe
o outro presente

consagrou-se antigo

gasto e acabado
e deu-se a berrar
a declamar

acabaram-se as lembranças
cartas e momentos
até os mais simples pensamentos
declarou-se adeus

o melhor é não chorar

peço encarecidamente o teu perdão
curvo-me ao teu coração
culpado me declaro
mas o melhor é não chorar

acabo comigo s'isso for teu sorriso
vou ao inferno
se morte for paraíso
mas não te dês em choro

por ser eu o lamento
por esfaquear-te o peito
por lançar-te ao vento
não vale a pena lamentar

pelo imperfeito que fui
pela dor que agora flui
o melhor é não chorar
não te dês a desgastar

pelas flores em falta

noites às cegas
pela dor causada
dou-te essas desculpas

por um ir sem rancor
por tudo o que mereces
dou-me ao terror
mas tu—o melhor é não chorar

será que te esqueci?

sorrio ao me abraçar o dia
ao me dispensar a noite
sorrio com as covinhas presentes
sem incertezas pendentes
já não me desperta a tua olência
não abrem as minhas janelas
meu sonho já não é a tua existência
te esqueci então?
o rosto redondo
nem no resto penso
teu sorriso
o corpo
do antes nada mais sei
nas intenções de mim
nem razões do fim
os delírios dos últimos dias
magresa
secura
quietude
finitude
nem só conforto no exalar dos trapos

hoje nada
te fizeste zero?
me fala do momento
desconheço
teu entoar
teu dançar
coisa alguma sei
já não vejo os instantes
te esqueci?

nunca

nunca
saberás o tanto de amor
que tive pra te dar

nunca
saberás de toda a dor
que podias escapar

nunca
saberás o vero sabor
que só no meu amar

sem medo afirmo
nem com o voltar do tempo

nem com o queimar da lua
ou o acabar da rua

se o dia terminar
e a noite chegar
mesmo assim nunca

nem com a vinda do sol
nem com o arder do farol
nunca

nem quando só tu
pela face da terra
essa bênção será tua

nunca

tempo de ser feliz

há somente um tempo
pro verbo "sorrir" conjugar
e por tal se por a cantar

há na vida
só um tempo
onde feliz é a avenida

tempo de sonhar
acordar e realizar
tempo de vencer
de fazer o obstáculo desaparecer

uma só idade pra encantar
se apaixonar
amar sem questionar
e se entregar

tempo sem número ou género
onde o desejo nunca é mero
tempo de coragem e entusiasmo

de achar o trilho

ele é fugaz
vem e vai
no mesmo vento que o traz

somente um tempo
um presente
um momento distante da morte

amar

amar
é estar contigo
e no mesmo segundo
me banhar de saudades

amar
é andar cantando
e mesmo sendo julgado
não sentir envergonhado

amar
é ser criança
fazer sem medo de errar
é ter esperança

amar
é ver amor em tudo
ter sorriso como sabor
e deixá-lo eternizar

amar

é chorar
é sorrir
é lutar

amar é estar hoje
amanhã e eternamente
e ainda que tudo acabe
continuar vivo

amar é amar

hodierno

não mais exalo minhas noites tranquilas
pelas fraldas alvoradas
por conta da minha mãe
não mais a ensurdeço
com meu vociferar
continuo manso
embora pouco ingénuo
já não sei trepar pelas gravatas do meu velho
deixei de ser pequeno
finalmente se cansaram meus pés
abrandaram o fogo da minha puerícia
hoje são nada, mas atalho
nas minhas tardes
não mais figuras plásticas
cabelos lisos e longos
antes pontas médias ou finas
folhas porventura com linhas
deixei de ver espinho na noite
aprendi que nem todo dia é quente
foram-se os dias dos olhos fechados
não pertenço aos corpos assentados

não
não neste tempo
tempo outrora passado às velas
já não passam pelos meus cabelos
dentes de pau
meu tio deixou de expelir
meus dias de miúdo
do castanho da minha pele
já não sou do ontem
meus dias certos já não vêm
vivo n(o) hodierno

o amor que não vivi

guardei-me em silêncio
fiz-me cemitério
enterrei sentimentos
mesmo os vivos

calei-me com gritos
me acalmei com os pulos
anos nos dias escuros
em mundos perdidos

os anos que concebi
jamais voltam
os anos que vivi
nunca foram

momentos que não compartilhei
palavras que reneguei
sonhos que frustrei
amor com que me atormentei

silenciei esse querer

te vi
fingi
sobrevivi

todos os sonos
todos os choros
já não são meus períodos
nem se dão por vividos

não vivo
a vida
do amor que quase vivi

um dia será tarde

será tarde para amar
tarde para falar
palavras que hoje estão congeladas
desculpas que hoje estão caladas

será tarde para refazer
o amor que te custa reconhecer
tarde até para chorar
por hoje não me amar

será tarde para viver
os sonhos que hoje tenho
e para ter
o amor que hoje senho

será tarde pra limpar
lágrimas que serão de matar
tarde pra se arrepender
por me fazer morrer

um dia será tarde

pra segurar
o corpo que arde
por se infernar

será tão tarde
pra sonhar
a lua estará quente
e muito claro estará o luar

eu não sou uma marionete
que se pode manusear
quando o teu tempo chegar
não precisarás mais ser transparente

pois já será tarde

em 2020

2020 foi diferente
nada era como o presente
amor não estava ausente
sorriso era real
e pra tudo manancial
pecado não havia nem no sonho
homem era justo
mulher não sofria abusos
até os monas tinham lugar
a vida à todos novidava
a morte não nos convidava
2020 foi perfeito
dor não estava perto
o nosso muari
não berrava com a língua entre os dentes
eram fortes as suas palavras
o futuro estava presente
abraçava toda gente
não precisávamos lamentar
não nos tinham a esmolar
foi uma época e tanto

lembro-me do canto
que era entoado
por cada momento
sem guerra ou fome
sem dor ou morte
momentos já surreais
momentos que daqui jamais
momentos de real esperança
momentos idos à vida
momentos de até paz mundial
momentos de pobreza no final
momentos de países irmãos
momentos de união nas mãos
momentos de soltos poetas
momentos de vidas sonhadas
2020

aos ventos

acabou

deixávamos o que não tínhamos
os silêncios eram desejos
completos nos sentíamos
vivíamos

hoje isso corteja
o vazio pertuba
é a raiva que ferve
nos aquece e apodrece

onde foi?

o sorriso sem noção
o frio no coração
a saudade
a vontade de nós dois
o medo do depois
toda aquela verdade
a tal eternidade

onde foi?

amamos com pele
com a força da sede
fomos distante
tivemos instantes

tempo era dos mal-amados
dos des-apaixonados
o que agora somos nós
era vida de outros dois

somos dor
rejeitamos o depois
nosso olhar não é poema
é problema

onde foi?

o olhar com querer
a vontade ter
a saudade

onde foi toda aquela verdade?

se você me esquecer

se eu ligar
e não atender
e se cantar
e não responder

se me perder
nas folhas do outono
se, por tremer, morrer
pelo frio do inverno

se nesse fogo me lançar
se por não me amar
me prender ao passado
ou continuar nesse arrasto

se você me esquecer
neste nada me manter
se de nada resultar
todo meu amar

telefonemas e mensagens

banhos e massagens
se tudo nada significar
se me abandonar

meus gritos
nossos momentos
as falas
até as ditas veras

se você me esquecer
do futuro me abster
se com dores
me deixar

se pela velocidade
com que vem a idade
se for minha metade
e se ódio ser eternidade

eu juro
se você me esquecer...

sobre a autora

Em 1993, sob o célebre calor luandense que avivava o meio-dia, nos braços duma mulher que também tratei por avó, ecoaram os meus primeiros berros. Ainda sem sonhos, talvez. Exclusivamente detenta num apego excessivo aos próprios interesses. Passados nove cacimbos, ao iniciarem as chuvas, aqueles rugidos elevados e ásperos aclamaram a artista inerente à mim. Desde então, as primaveras têm servido para conhecer o muito que posso e desejo ser.

Actualmente sou autora de cinco obras literárias publicada e, fora essas, tenho um número de obras publicadas em vários periódicos internacionais.

Pelo roteiro de vida que, com erros, eversões e esforço, venho construindo, tenho sinais do meu potencial e ganhos pela minha devoção. Em 2016, do Brasil, o Prémio Maria José Maldonado de Literatura, foi o primeiro que recebi. No ano seguinte, Portugal e Brasil voltaram a condecorar-me com o prémio de participação no Concurso Artístico Teixeira de Pascoaes e o de participação no 6o Concurso Literário de Itaporanga, respectivamente. Em 2018 foi a Menção Honrosa no 2o Concurso de Haicai de Toledo - Kenzo Takemori.

Desde que me conheço como peça necessária do quebra-cabeça social, poucas coisas são tão importantes quanto a realização efectiva da minha responsabilidade para com a sociedade. Essa compreensão também me tem rendido condecorações como dois Certificados de Cidadão Diplomata outorgados pela Universidade do Distrito de Columbia em Washington D.C.

Na tentativa de honrar todo esse reconhecimento e dar vida à uma das minhas maiores paixões, fundei a SmallPrints, uma organização com intenção de participar activamente na formação de uma sociedade justa e responsável pelo êxito de toda criança.

Conduzida pelo que almejo um dia fazer, no início de 2018, participei de uma formação profissional de historiadores adquirindo certificação e habilidades para praticar, com eficiência, a história oral. A formação foi oferecida pela D.C. Oral History

Collaborative. No mesmo ano, como painelista, participei nas celebrações do Dia da Língua Portuguesa e da Cultura na CPLP que tiveram lugar na embaixada do Brasil em Washington D.C. Na mesma abordei sobre as "Vozes Femininas na Literatura de Língua Portuguesa" e, em Bruxelas, participei em conferência sobre o tema "Educação para a cidadania global." Tive igualmente a honra de escrever o poema "Éden" que fez a música Rishikesh do álbum antes da monção, segundo trabalho discográfico do grupo musical português SENZA.

Auspiciosa, sigo caminhos que vão desde a arte da representação gráfica da linguagem aos que aproximam o mundo à uma metamorfose.

responsabilidade social

#FaçaOBemLendoMais
#FBLM

O objectivo do projecto **FAÇA O BEM MAIS** é incentivar a leitura promovendo e apoiando práticas de interesse social e comunitário. Como parte desse processo, uma percentagem do rendimento dos meus livros publicados é dedicada a causas sem fins lucrativos que beneficiam a comunidade.

Este Livro

Proporção: 10%
Recipiente: Projecto Kutonoka (SmallPrints)
+Info: www.claudiacassoma.com/responsabilidadesocial

os

amores

enfim ---------------------------- 17

aprendi -------------------------- 18

amor ou sexo ------------------ 19

tempo---------------------------- 20

como será? --------------------- 21

o que faz o amor?-------------- 22

derradeiro amor --------------- 23

nostalgia impetuosa ---------- 24

outro soneto ao delírio------- 25

nada mais do nada ------------ 26

que assim seja!----------------- 27

louco por ela ------- 28

chega! ------- 29

preciso deles ------- 30

quando chega o amor ------- 31

terramoto em mim ------- 32

o amor termina sim ------- 33

preciso de tempo ------- 34

cai, lágrima ------- 35

cospe ------- 36

faz ------- 37

continua ------- 38

meu amor do Lubango ------- 39

se me for... ---------------------- 40

saudade ------------------------ 41

se fez tarde --------------------- 42

uma eternidade surreal ------ 43

catinga perfumada ------------ 44

pode me deixar ---------------- 45

minhas últimas ---------------- 46

só por hoje ---------------------- 47

pobre de amor, rica de dor -- 48

tal não se explica -------------- 49

não será para sempre --------- 50

um princípio teve sim -------- 51

alguns pisos em falso --------- 52

profunda tristeza -------------- 54

deixa entre nós ---------------- 56

aquele grito --------------------- 58

coração embargado ----------- 60

não mais ------------------------ 62

quero da tua manteiga ------- 64

no auge da loucura ------------ 66

leva-me, rua -------------------- 68

saberá alguém? ---------------- 70

anelo o teu beijo--------------- 72

não, não agora! ---------------- 74

o último adeus ----------------- 76

dizem ser ela assim ----------- 78

magoa-me amanhã ----------- 80

joão, meu último verso ------ 82

morte é vida-------------------- 84

muhatu ------------------------- 86

tenho ciúmes------------------- 88

pode ser assim ----------------- 90

abraço em teus braços ------- 92

mulher -------------------------- 94

sempre haverá ----------------- 96

beijo sexual --------------------- 98

amor amoroso ---------------- 100

amo nós ----------------------- 102

meus pensamentos ---------- 104

realmente gostaria ----------- 106

coisa estranha ---------------- 108

peço ---------------------------- 110

quero --------------------------- 112

hoje posso chorar ------------ 114

ainda lembro ------------------ 116

almofada amarela ------------ 118

resto ----------------------------- 120

silêncio ------------------------- 122

raiva ----------------------------- 124

prometo ------------------------ 126

mais ----------------------------- 128

hoje falarei de amor --------- 130

se o amor pudesse gritar---- 132

adeus, primeiro amor ------- 134

o melhor é não chorar ------- 136

será que te esqueci? --------- 138

nunca -------------------------- 140

tempo de ser feliz ------------ 142

amar --------------------------- 144

hodierno ---------------------- 146

o amor que não vivi --------- 148

um dia será tarde ------------- 150

em 2020 ----------------------- 152

acabou ------------------------- 154

se você me esquecer --------- 156

Livros da Cláudia Cassoma

Preta de Vermelho Exuberante
2020 Não Tá Bom
Uma Noite pra Esquecer
Um Beijo em Curitiba
Fim
Fórmulas Poemáticas
Ahetu: Feridas do Género
Silhuetas Poéticas
Piolhos
A Volta do Papai Noel
Amotinação
Cantares de Kalei
The Man i Love Killed Me
Amor, Sonetos¿!
Not For Flowers
Rogos ao Ímpeto
Ahetu: Vozes Desprendidas
Cânticos de Apego
Pretérito Perfeito
Amores que nunca vivi

www.claudiacassoma.com

www.ingramcontent.com/pod-product-compliance
Lightning Source LLC
Chambersburg PA
CBHW031353040426
42444CB00005B/276